ANTOLOGIA POÉTICA

OLAVO BILAC

ANTOLOGIA POÉTICA

*Organização e notas
de*
PAULO HECKER FILHO

www.lpm.com.br

L&PM POCKET

Coleção **L&PM** POCKET, vol. 38

Texto de acordo com a nova ortografia.

Primeira edição na Coleção **L&PM** POCKET: 1997
Esta reimpressão: agosto de 2022

Capa: L&PM Editores
Revisão: Paulo Hecker Filho, Cintia Moscovich e Simone Borges.
Organização e notas: Paulo Hecker Filho

B595a

Bilac, Olavo, 1865-1918.
    Antologia poética / Olavo Brás Martins Bilac. – Porto Alegre: L&PM, 2022.
    96 p. ; 18 cm. -- (Coleção L&PM POCKET ; v. 38)

ISBN 978-85-254-0657-6

1.Ficção brasileira-Poesias. I.Título. II.Série.

CDD 869.91
CDU 869.0(81)-1

Catalogação elaborada por Izabel A. Merlo, CRB 10/329.

© L&PM Editores, 1997

Todos os direitos desta edição reservados a L&PM Editores
Rua Comendador Coruja, 314, loja 9 – Floresta – 90220-180
Porto Alegre – RS – Brasil / Fone: 51.3225-5777 – Fax: 51.3221.5380

Pedidos & Depto. comercial: vendas@lpm.com.br
Fale conosco: info@lpm.com.br
www.lpm.com.br

Impresso no Brasil
Inverno de 2022

Sumário

Justiça a Bilac 7
Dados 9

ANTOLOGIA POÉTICA
  In Extremis 13
  A Alvorada do Amor 14
  Via Láctea 16
  O Caçador de Esmeraldas 51
  No Cárcere 57
  Nel Mezzo Del Camin 58
  Virgens Mortas 59
  Só 60
  Hino à Tarde 61
  Pátria 62
  Língua Portuguesa 63
  Os Rios 64
  As Estrelas 65
  O Crepúsculo da Beleza 66
  Respostas nas Sombras 67
  A um Poeta 68
  Diamante Negro 69

  POESIAS INFANTIS
  O pássaro cativo 71
  Os pobres 73
  A boneca 75

A vida..76
A mocidade 77
As velhas árvores..78
A pátria...79

Benedicite!..81
Fogo-Fátuo...82
Remorso 83
Abstração..84
Estuário 85
Oração à Cibele..86
Introibo!..87
Os sinos 88
Vulnerant Omnes, Ultima Necat............................89

Justiça a Bilac

Quem escreveu *In extremis*, *Hino à tarde* e outros poemas desse nível é um grande poeta, teve a alma vibrando de beleza.

Esta seleção pretende fazer justiça a Olavo Bilac. Para ele eram tão fáceis a expressão e a palavra, escrita ou falada, que a bem dizer teve o direito de se demorar no âmbito delas, sem aprofundar uma visão da vida, a pregar o dever de ser bom, instruído, trabalhador, patriota e de amar. Com isso todos estavam de acordo e adotaram o poeta, jornalista e orador que o sabia dizer tão bem.

Quando veio o Modernismo na década de vinte, uma tomada de consciência, enfronhada da modernidade europeia, do papel do escritor enquanto cidadão e artista, Bilac passa a ser alvo de desprezos fáceis. Mas o líder do Modernismo, seu cérebro estético, Mário de Andrade, não deixou de reconhecer nele o homem sincero e o artista inigualável.

Realmente, ninguém tem na língua verso mais plástico e musical. Nem Bocage, nem Guerra Junqueiro, nem Vicente de Carvalho. E essa música, nos momentos de êxtase, que são vários, já é música das esferas, vai ao cerne da vida.

Paulo Hecker Filho

Dados

Nasce em 1865 no Rio de Janeiro. Seu nome completo, Olavo Brás Martins dos Guimarães Bilac, dá um verso alexandrino, o que sempre foi tomado popularmente como um sinal de sua vocação. Obtém matrícula na Faculdade de Medicina aos 15 anos, vai até o quinto ano, passa a Direito, mas não termina nenhum curso superior, tinha mais o que fazer. E fazia: escrevia e vivia sem parar, em rodas boêmias, literaturas, amores. Aos 21, um soneto em francês, o que era chique e não incomum na época, sai com o "Ora (direis) ouvir estrelas". É o sucesso, que logo o tornaria o mais conhecido e benquisto homem de letras do país de todos os tempos, até a morte em 1918 (de edema pulmonar por insuficiência cardíaca, tinha gasto o coração...). A prosa é inacabável, inclusive com contos e um romance, "O esqueleto", mas mais artigos, conferências, crônicas, e que reúne em vida em vários volumes, alguns em colaboração, com Coelho Neto, Pardal Mallet, até com o Eça iniciou brincando um romance. Em verso, edita "Poesias" em 1988, com a "Profissão de fé", em que, num eco de "L´art" de Théophile Gautier, empunha a bandeira da Arte e dá o poeta como ourives; não param de criticar, mas ele até podia, pelo poeta que era além do ourives... Seguiam-se, no volume, "Panóplias", "Via Láctea" e "Sarças de fogo". A segunda é uma série de 35 sonetos, dados aqui na íntegra, e que, na maioria, cantam um amor, com uma perfeição que impressiona, ainda mais se lembrarmos que tinha apenas 23 anos. Apesar da repercussão, a segunda edição de "Poesias" só vem em 1902, acrescentada de "Alma inquieta", "As viagens" e "O caçador de esmeraldas", tentativa de poema épico procurada, verbal, mas que acha inspiração para o fim, aqui reproduzido. De 1904 são as "Poesias infantis", que o Brasil aprendeu e ainda hoje sabe de cor tantos versos. Por fim, o livro que o grande sensual quer com a solenidade do crepúsculo, "Tarde", em 1919, no ano seguinte de sua morte, mas cujas provas ainda revisou.

PHF

ANTOLOGIA POÉTICA

IN EXTREMIS

Nunca morrer assim! Nunca morrer num dia
Assim! de um sol assim!
                    Tu, desgrenhada e fria,
Fria! postos nos meus os teus olhos molhados,
E apertando nos teus os meus dedos gelados...

E um dia assim! de um sol assim! E assim a esfera
Toda azul, no esplendor do fim da primavera!
Asas, tontas de luz, cortando o firmamento!
Ninhos cantando! Em flor a terra toda! O vento
Despencando os rosais, sacudindo o arvoredo...

E, aqui dentro, o silêncio... E este espanto e este medo!
Nós dois... e, entre nós dois, implacável e forte,
A arredar-me de ti, cada vez mais, a morte...

Eu, com o frio a crescer no coração, – tão cheio
De ti, até no horror do derradeiro anseio!
Tu, vendo retorcer-se amarguradamente,
A boca que beijava a tua boca ardente,
A boca que foi tua!

                    E eu morrendo! e eu morrendo
Vendo-te, e vendo o sol, e vendo o céu, e vendo
Tão bela palpitar nos teus olhos, querida,
A delícia da vida! a delícia da vida!*

---

* É de notar que o poema foi escrito com o autor ainda moço.

A Alvorada do Amor

Um horror grande e mudo, um silêncio profundo
No dia do Pecado amortalhava o mundo.
E Adão, vendo fechar-se a porta do Éden, vendo
Que Eva olhava o deserto e hesitava tremendo,
Disse:

      "Chega-te a mim! entra no meu amor,
E à minha carne entrega a tua carne em flor!
Preme contra o meu peito o teu seio agitado,
E aprende a amar o Amor, renovando o pecado!
Abençoo o teu crime, acolho o teu desgosto,
Bebo-te, de uma em uma, as lágrimas do rosto!

Vê! tudo nos repele! a toda a criação
Sacode o mesmo horror e a mesma indignação...
A cólera de Deus torce as árvores, cresta
Como um tufão de fogo o seio da floresta,
Abre a terra em vulcões, encrespa a água dos rios;
As estrelas estão cheias de calefrios;
Ruge soturno o mar: turva-se hediondo o céu...

Vamos! que importa Deus? Desata, como um véu,
Sobre a tua nudez a cabeleira! Vamos!
Arda em chamas o chão; rasguem-te a pele os ramos;
Morda-te o corpo o sol; injuriem-te os ninhos;
Surjam feras a uivar de todos os caminhos;

E, vendo-te a sangrar das urzes através,
Se emaranhem no chão as serpes aos teus pés...
Que importa? o Amor, botão apenas entreaberto,
Ilumina o degredo e perfuma o deserto!
Amo-te! sou feliz! porque, do Éden perdido,
Levo tudo, levando o teu corpo querido!

Pode, em redor de ti, tudo se aniquilar:
— Tudo renascerá cantando ao teu olhar,
Tudo, mares e céus, árvores e montanhas,
Porque a Vida perpétua arde em tuas entranhas!
Rosas te brotarão da boca, se cantares!
Rios te correrão dos olhos, se chorares!
E se, em torno ao teu corpo encantador e nu,
Tudo morrer, que importa? A Natureza és tu,
Agora que és mulher, agora que pecaste!

Ah! bendito o momento em que me revelaste
O amor com o teu pecado, e a vida com o teu crime!
Porque, livre de Deus, redimido e sublime,
Homem fico, na terra, à luz dos olhos teus,
— Terra, melhor que o Céu! homem, maior que Deus!"*

---

* Poema típico do erotismo que se fez proverbial do autor. Ousa amar desafiando até Deus; pior, se pondo acima dele. É meio elementar, mas fala a língua de uma época sem maior crença, justificando o êxito do poema e do autor. Tem ele enfim a coragem de expressar o espalhado sentido secundário da religião, diante da realização do homem como homem.

Via Láctea

I

Talvez sonhasse, quando a vi. Mas via
Que, aos raios do luar iluminada,
Entre as estrelas trêmulas subia
Uma infinita e cintilante escada.

Eu olhava-a de baixo, olhava-a... Em cada
Degrau, que o ouro mais límpido vestia,
Mudo e sereno, um anjo a harpa doirada,
Ressoante de súplicas, feria...

Tu, mãe sagrada! vós também, formosas
Ilusões! sonhos meus! íeis por ela
Como um bando de sombras vaporosas.

E, ó meu amor! eu te buscava, quando
Vi que no alto surgias, calma e bela,
O olhar celeste para o meu baixando...

II

Tudo ouvirás, pois que, bondosa e pura,
Me ouves agora com melhor ouvido:
Toda a ansiedade, todo o mal sofrido
Em silêncio, na antiga desventura...

Hoje, quero, em teus braços acolhido,
Rever a estrada pavorosa e escura
Onde, ladeando o abismo da loucura,
Andei de pesadelos perseguido.

Olha-a: torce-se toda na infinita
Volta dos sete círculos do inferno...
E nota aquele vulto: as mãos eleva,

Tropeça, cai, soluça, arqueja, grita,
Buscando um coração que foge, e eterno
Ouvindo-o perto palpitar na treva.

III

Tantos esparsos vi profusamente
Pelo caminho que, a chorar, trilhava!
Tantos havia, tantos! E eu passava
Por todos eles frio e indiferente...

Enfim! enfim! pude com a mão tremente
Achar na treva aquele que buscava...
Por que fugias, quando eu te chamava,
Cego e triste, tateando, ansiosamente?

Vim de longe, seguindo de erro em erro,
Teu fugitivo coração buscando
E vendo apenas corações de ferro.

Pude, porém, tocá-lo soluçando...
E hoje, feliz, dentro do meu o encerro,
E ouço-o, feliz, dentro do meu pulsando.

IV

Como a floresta secular, sombria,
Virgem do passo humano e do machado,
Onde apenas, horrendo, ecoa o brado
Do tigre, e cuja agreste ramaria

Não atravessa nunca a luz do dia,
Assim também, da luz do amor privado,
Tinhas o coração ermo e fechado,
Como a floresta secular, sombria...

Hoje, entre os ramos, a canção sonora
Soltam festivamente os passarinhos.
Tinge o cimo das árvores a aurora...

Palpitam flores, estremecem ninhos...
E o sol do amor, que não entrava outrora,
Entra dourando a areia dos caminhos.

V

Dizem todos: "Outrora como as aves
Inquieta, como as aves tagarela,
E hoje... que tens? Que sisudez revela
Teu ar! que ideias e que modos graves!

Que tens, para que em pranto os olhos laves?
"Sê mais risonha, que serás mais bela!"
Dizem. Mas no silêncio e na cautela
Ficas firme e trancada a sete chaves...

E um diz: "Tolices, nada mais!" Murmura
Outro: "Caprichos de mulher faceira!"
E todos eles afinal: "Loucura!"

Cegos que vos cansais a interrogá-la!
Vê-la bastava; que a paixão primeira
Não pela voz, mas pelos olhos fala.

VI

Em mim também, que descuidado vistes,
Encantado e aumentando o próprio encanto,
Tereis notado que outras coisas canto
Muito diversas das que outrora ouvistes.

Mas amastes, sem dúvida... Portanto,
Meditai nas tristezas que sentistes:
Que eu, por mim, não conheço coisas tristes,
Que mais aflijam, que torturem tanto.

Quem ama inventa as penas em que vive:
E, em lugar de acalmar as penas, antes
Busca novo pesar com que as avive.

Pois sabei que é por isso que assim ando:
Que é dos loucos somente e dos amantes
Na maior alegria andar chorando.

VII

Não têm faltado bocas de serpentes,
(Dessas que amam falar de todo o mundo,
E a todo o mundo ferem, maldizentes)
Que digam: "Mata o teu amor profundo!

Abafa-o, que teus passos imprudentes
Te vão levando a um pélago sem fundo...
Vais te perder!" E, arreganhando os dentes,
Movem para o teu lado o olhar imundo:

"Se ela é tão pobre, se não tem beleza,
Irás deixar a glória desprezada
E os prazeres perdidos por tão pouco?

Pensa mais no futuro e na riqueza!"
E eu penso que afinal... Não penso nada:
Penso apenas que te amo como um louco!

VIII

Em que céu mais azul, mais puros ares,
Voa pomba mais pura? Em que sombria
Moita mais nívea flor acaricia,
À noite, a luz dos límpidos luares?

Vives assim, como a corrente fria,
Que, intemerata, aos trêmulos olhares
Das estrelas e à sombra dos palmares,
Corta o seio das matas, erradia.

E envolvida de tua virgindade,
De teu pudor na cândida armadura,
Foges o amor, guardando a castidade,

– Como as montanhas, nos espaços francos
Erguendo os altos píncaros, a alvura
Guardam da neve que lhes cobre os flancos.

IX

De outras sei que se mostram menos frias,
Amando menos do que amar pareces.
Usam todas de lágrimas e preces:
Tu de acerbas risadas e ironias.

De modo tal minha atenção desvias,
Com tal perícia meu engano teces,
Que, se gelado o coração tivesses,
Certo, querida, mais ardor terias.

Olho-te: cega ao meu olhar te fazes...
Falo-te – e com que fogo a voz levanto! –
Em vão... Finges-te surda às minhas frases...

Surda: e nem ouves meu amargo pranto!
Cega: e nem vês a nova dor que trazes
À dor antiga que doía tanto!

X

Deixa que o olhar do mundo enfim devasse
Teu grande amor que é teu maior segredo!
Que terias perdido, se, mais cedo,
Todo o afeto que sentes se mostrasse?

Basta de enganos! Mostra-me sem medo
Aos homens, afrontando-os face a face:
Quero que os homens todos, quando eu passe,
Invejosos, apontem-me com o dedo.

Olha: não posso mais! Ando tão cheio
Deste amor, que minh'alma se consome
De te exaltar aos olhos do universo...

Ouço em tudo teu nome, em tudo o leio:
E, fatigado de calar teu nome,
Quase o revelo no final de um verso.

XI

Todos esses louvores, bem o viste,
Não conseguiram demudar-me o aspecto:
Só me turbou esse louvor discreto
Que no volver dos olhos traduziste...

Inda bem que entendeste o meu afeto
E, através destas rimas, pressentiste
Meu coração que palpitava, triste,
E o mal, que havia dentro em mim secreto.

Ai de mim, se de lágrimas inúteis
Estes versos banhasse, ambicionando
Das néscias turbas os aplausos fúteis!

Dou-me por pago, se um olhar lhes deres:
Fi-los pensando em ti, fi-los pensando
Na mais pura de todas as mulheres.

XII

Sonhei que me esperavas. E, sonhando,
Saí, ansioso por te ver: corria...
E tudo, ao ver-me tão depressa andando,
Soube logo o lugar para onde eu ia.

E tudo me falou, tudo! Escutando
Meus passos, através da ramaria,
Dos despertados pássaros o bando:
"Vai mais depressa! Parabéns!" dizia.

Disse o luar: "Espera! que eu te sigo:
Quero também beijar as faces dela!"
E disse o aroma: "Vai, que eu vou contigo!"

E cheguei. E, ao chegar, disse uma estrela:
"Como és feliz! como és feliz, amigo,
Que de tão perto vais ouvi-la e vê-la!"

XIII

"Ora (direis) ouvir estrelas! Certo
Perdeste o senso!" E eu vos direi, no entanto,
Que, para ouvi-las, muita vez desperto
E abro as janelas, pálido de espanto...

E conversamos toda a noite, enquanto
A Via Láctea, como um pálio aberto,
Cintila. E, ao vir do sol, saudoso e em pranto,
Inda as procuro pelo céu deserto.

Direis agora: "Tresloucado amigo!
Que conversas com elas? Que sentido
Tem o que dizem, quando estão contigo?"

E eu vos direi: "Amai para entendê-las!
Pois só quem ama pode ter ouvido
Capaz de ouvir e de entender estrelas."

XIV

Viver não pude sem que o fel provasse
Desse outro amor que nos perverte e engana:
Porque homem sou, e homem não há que passe
Virgem de todo pela vida humana.

Por que tanta serpente atra e profana
Dentro d'alma deixei que se aninhasse?
Por que, abrasado de uma sede insana,
A impuros lábios entreguei a face?

Depois dos lábios sôfregos e ardentes,
Senti – duro castigo aos meus desejos –
O gume fino de perversos dentes...

E não posso das faces poluídas
Apagar os vestígios desses beijos
E os sangrentos sinais dessas feridas!

XV

Inda hoje, o livro do passado abrindo,
Lembro-as e punge-me a lembrança delas;
Lembro-as, e vejo-as, como as vi partindo,
Estas cantando, soluçando aquelas.

Umas, de meigo olhar piedoso e lindo,
Sob as rosas de neve das capelas;
Outras, de lábios de coral, sorrindo,
Desnudo o seio, lúbricas e belas...

Todas, formosas como tu, chegaram,
Partiram... e ao partir, dentro em meu seio
Todo o veneno da paixão deixaram.

Mas, ah! nenhuma teve o teu encanto,
Nem teve olhar como esse olhar, tão cheio
De luz tão viva, que abrasasse tanto!

XVI

Lá fora, a voz do vento ulule rouca!
Tu, a cabeça no meu ombro inclina,
E essa boca vermelha e pequenina
Aproxima, a sorrir, de minha boca!

Que eu a fronte repouse ansiosa e louca
Em teu seio, mais alvo que a neblina
Que, nas manhãs hiemais, úmida e fina,
Da serra as grimpas verdejantes touca!

Solta as tranças agora, como um manto!
Canta! Embala-me o sono com teu canto!
E eu, aos raios tranquilos desse olhar,

Possa dormir sereno, como o rio
Que, em noites calmas, sossegado e frio,
Dorme aos raios de prata do luar!...

XVII

Por estas noites frias e brumosas
É que melhor se pode amar, querida!
Nem uma estrela pálida, perdida
Entre a névoa, abre as pálpebras medrosas...

Mas um perfume cálido de rosas
Corre a face da terra adormecida...
E a névoa cresce, e, em grupos repartida,
Enche os ares de sombras vaporosas:

Sombras errantes, corpos nus, ardentes
Carnes lascivas... um rumor vibrante
De atritos longos e de beijos quentes...

E os céus se estendem, palpitando, cheios
Da tépida brancura fulgurante
De um turbilhão de braços e de seios.

XVIII

Dormes... Mas que sussurro a umedecida
Terra desperta? Que rumor enleva
As estrelas, que no alto a Noite leva
Presas, luzindo, à túnica estendida?

São meus versos! Palpita a minha vida
Neles, falenas que a saudade eleva
De meu seio, e que vão, rompendo a treva,
Encher teus sonhos, pomba adormecida!

Dormes, com os seios nus, no travesseiro
Solto o cabelo negro... e ei-los, correndo,
Doudejantes, sutis, teu corpo inteiro...

Beijam-te a boca tépida e macia,
Sobem, descem, teu hálito sorvendo...
Por que surge tão cedo a luz do dia?!...

XIX

Sai a passeio, mal o dia nasce,
Bela, nas simples roupas vaporosas;
E mostra às rosas do jardim as rosas
Frescas e puras que possui na face.

Passa. E todo o jardim, por que ela passe,
Atavia-se. Há falas misteriosas
Pelas moitas, saudando-a respeitosas...
É como se uma sílfide passasse!

E a luz cerca-a, beijando-a. O vento é um choro...
Curvam-se as flores trêmulas... O bando
Das aves todas vem saudá-la em coro...

E ela vai, dando ao sol o rosto brando,
Às aves dando o olhar, ao vento o louro
Cabelo, e às flores os sorrisos dando...

XX

Olha-me! o teu olhar sereno e brando
Entra-me o peito, como um largo rio
De ondas de ouro e de luz, límpido, entrando
O ermo de um bosque tenebroso e frio.

Fala-me! Em grupos doudejantes, quando
Falas, por noites cálidas de estio,
As estrelas acendem-se, radiando,
Altas, semeadas pelo céu sombrio.

Olha-me assim! Fala-me assim! De pranto
Agora, agora de ternura cheia,
Abre em chispas de fogo essa pupila...

E enquanto eu ardo em sua luz, enquanto
Em seu fulgor me abraso, uma sereia
Soluce e cante nessa voz tranquila!

XXI

À minha mãe.

Sei que um dia não há (e isso é bastante
A esta saudade, mãe!) em que a teu lado
Sentir não julgues minha sombra errante,
Passo a passo a seguir teu vulto amado.

– Minha mãe! minha mãe! – a cada instante
Ouves. Volves, em lágrimas banhado,
O rosto, conhecendo soluçante
Minha voz e meu passo costumado.

E sentes alta noite no teu leito
Minh'alma na tua alma repousando,
Repousando meu peito no teu peito...

E encho os teus sonhos, em teus sonhos brilho,
E abres os braços trêmulos, chorando,
Para nos braços apertar teu filho!

XXII

A Goethe.

Quando te leio, as cenas animadas
Por teu gênio, as paisagens que imaginas,
Cheias de vida, avultam repentinas,
Claramente aos meus olhos desdobradas...

Vejo o céu, vejo as serras coroadas
De gelo, e o sol, que o manto das neblinas
Rompe, aquecendo as frígidas campinas
E iluminando os vales e as estradas.

Ouço o rumor soturno da charrua,
E os rouxinóis que, no carvalho erguido,
A voz modulam de ternuras cheia:

E vejo, à luz tristíssima da lua,
Hermann, que cisma, pálido, embebido
No meigo olhar da loura Doroteia.

XXIII

De Calderón.

Laura! dizes que Fábio anda ofendido
E, apesar de ofendido, namorado,
Buscando a extinta chama do passado
Nas cinzas frias avivar do olvido.

Vá que o faça, e que o faça por perdido
De amor... Creio que o faz por despeitado:
Porque o amor, uma vez abandonado,
Não torna a ser o que já tinha sido.

Não lhe creias nos olhos nem na boca,
Inda mesmo que os vejas, como pensas,
Mentir carícias, desmentir tristezas...

Porque finezas sobre arrufos, louca,
Finezas podem ser; mas, sobre ofensas,
Mais parecem vinganças que finezas.

XXIV

A Luiz Guimarães.

Vejo-a, contemplo-a comovido... Aquela
Que amaste, e, de teus braços arrancada,
Desceu da morte a tenebrosa escada,
Calma e pura aos meus olhos se revela.

Vejo-lhe o riso plácido, a singela
Feição, aquela graça delicada,
Que uma divina mão deixou vazada
No eterno bronze, eternamente bela.

Só lhe não vejo o olhar sereno e triste:
– Céu, poeta, onde as asas, suspirando,
Chorando e rindo loucamente abriste...

– Céu povoado de estrelas, onde as bordas
Dos arcanjos cruzavam-se, pulsando
Das liras de ouro as gemedoras cordas...

XXV

A Bocage.

Tu, que no pego impuro das orgias
Mergulhavas ansioso e descontente,
E, quando à tona vinhas de repente,
Cheias as mãos de pérolas trazias;

Tu, que do amor e pelo amor vivias,
E que, como de límpida nascente,
Dos lábios e dos olhos a torrente
Dos versos e das lágrimas vertias;

Mestre querido! viverás, enquanto
Houver quem pulse o mágico instrumento,
E preze a língua que prezavas tanto:

E enquanto houver num canto do universo
Quem ame e sofra, e amor e sofrimento
Saiba, chorando, traduzir no verso.

XXVI

Quando cantas, minh'alma desprezando
O invólucro do corpo, ascende às belas,
Altas esferas de ouro, e, acima delas,
Ouve arcanjos as cítaras pulsando.

Corre os países longes, que revelas
Ao som divino do teu canto: e, quando
Baixas a voz, ela também, chorando,
Desce, entre os claros grupos das estrelas.

E expira a tua voz. Do paraíso,
A que subira ouvindo-te, caído,
Fico a fitar-te pálido, indeciso...

E enquanto cismas, sorridente e casta,
A teus pés, como um pássaro ferido,
Toda a minh'alma trêmula se arrasta...

XXVII

Ontem – néscio que fui! – maliciosa
Disse uma estrela, a rir, na imensa altura:
"Amigo! uma de nós, a mais formosa
De todas nós, a mais formosa e pura,

Faz anos amanhã... Vamos! procura
A rima de ouro mais brilhante, a rosa
De cor mais viva e de maior frescura!"
E eu murmurei comigo: "Mentirosa!"

E segui. Pois tão cego fui por elas,
Que, enfim, curado pelos seus enganos,
Já não creio em nenhuma das estrelas...

E – mal de mim! – eis-me, a teus pés, em pranto...
Olha: se nada fiz para os teus anos,
Culpa as tuas irmãs que enganam tanto!

XXVIII

Pinta-me a curva destes céus... Agora,
Ereta, ao fundo, a cordilheira apruma:
Pinta as nuvens de fogo de uma em uma,
E alto, entre as nuvens, o raiar da aurora.

Solta, ondulando, os véus de espessa bruma,
E o vale pinta, e, pelo vale em fora,
A correnteza túrbida e sonora
Do Paraíba, em torvelins de espuma.

Pinta; mas vê de que maneira pintas...
Antes busques as cores da tristeza,
Poupando o escrínio das alegres tintas:

– Tristeza singular, estranha mágoa
De que vejo coberta a natureza,
Porque a vejo com os olhos rasos d'água...

XXIX

Por tanto tempo, desvairado e aflito,
Fitei naquela noite o firmamento,
Que inda hoje mesmo, quando acaso o fito,
Tudo aquilo me vem ao pensamento.

Saí, no peito o derradeiro grito
Calcando a custo, sem chorar, violento...
E o céu fulgia plácido e infinito,
E havia um choro no rumor do vento...

Piedoso céu, que a minha dor sentiste!
A áurea esfera da lua o ocaso entrava,
Rompendo as leves nuvens transparentes;

E sobre mim, silenciosa e triste,
A Via Láctea se desenrolava
Como um jorro de lágrimas ardentes.

XXX

Ao coração que sofre, separado
Do teu, no exílio em que a chorar me vejo,
Não basta o afeto simples e sagrado
Com que das desventuras me protejo.

Não me basta saber que sou amado,
Nem só desejo o teu amor: desejo
Ter nos braços teu corpo delicado,
Ter na boca a doçura de teu beijo.

E as justas ambições que me consomem
Não me envergonham: pois maior baixeza
Não há que a terra pelo céu trocar;

E mais eleva o coração de um homem
Ser de homem sempre e, na maior pureza,
Ficar na terra e humanamente amar.

XXXI

Longe de ti, se escuto, porventura,
Teu nome, que uma boca indiferente
Entre outros nomes de mulher murmura,
Sobe-me o pranto aos olhos, de repente...

Tal aquele, que, mísero, a tortura
Sofre de amargo exílio, e tristemente
A linguagem natal, maviosa e pura,
Ouve falada por estranha gente...

Porque teu nome é para mim o nome
De uma pátria distante e idolatrada,
Cuja saudade ardente me consome:

E ouvi-lo é ver a eterna primavera
E a eterna luz da terra abençoada,
Onde, entre flores, teu amor me espera.

XXXII

Leio-te: – o pranto dos meus olhos rola:
– Do seu cabelo o delicado cheiro,
Da sua voz o timbre prazenteiro,
Tudo do livro sinto que se evola...

Todo o nosso romance: – a doce esmola
Do seu primeiro olhar, o seu primeiro
Sorriso, – neste poema verdadeiro,
Tudo ao meu triste olhar se desenrola.

Sinto animar-se todo o meu passado:
E quanto mais as páginas folheio,
Mais vejo em tudo aquele vulto amado.

Ouço junto de mim bater-lhe o seio,
E cuido vê-la, plácida, a meu lado,
Lendo comigo a página que leio.

XXXIII

Como quisesse livre ser, deixando
As paragens natais, espaço em fora,
A ave, ao bafejo tépido da aurora,
Abriu as asas e partiu cantando.

Estranhos climas, longes céus, cortando
Nuvens e nuvens, percorreu: e, agora
Que morre o sol, suspende o voo, e chora,
E chora, a vida antiga recordando...

E logo, o olhar volvendo compungido
Atrás, volta saudosa do carinho,
Do calor da primeira habitação...

Assim por largo tempo andei perdido:
– Ah! que alegria ver de novo o ninho,
Ver-te, e beijar-te a pequenina mão!

XXXIV

Quando adivinha que vou vê-la, e à escada
Ouve-me a voz e o meu andar conhece,
Fica pálida, assusta-se, estremece,
E não sei por que foge envergonhada.

Volta depois. À porta, alvoroçada,
Sorrindo, em fogo as faces, aparece:
E talvez entendendo a muda prece
De meus olhos, adianta-se apressada.

Corre, delira, multiplica os passos;
E o chão sob os seus passos murmurando,
Segue-a de um hino, de um rumor de festa...

E ah! que desejo de a tomar nos braços,
O movimento rápido sustando
Das duas asas que a paixão lhe empresta.

XXXV

Pouco me pesa que mofeis sorrindo
Destes versos puríssimos e santos:
Porque, nisto de amor e íntimos prantos,
Dos louvores do público prescindo.

Homens de bronze! um haverá, de tantos,
(Talvez um só) que, esta paixão sentindo,
Aqui demore o olhar, vendo e medindo
O alcance e o sentimento destes cantos.

Será esse o meu público. E, decerto,
Esse dirá: "Pode viver tranquilo
Quem assim ama, sendo assim amado!"

E, trêmulo, de lágrimas coberto,
Há-de estimar quem lhe contou aquilo
Que nunca ouviu com tanto ardor contado.

O Caçador de Esmeraldas
Episódio da epopeia sertanista no XVIIº século

....

Sete anos! combatendo índios, febres, paludes,
Feras, reptis – contendo os sertanejos rudes,
Dominando o furor da amotinada escolta...
Sete anos!... E ei-lo volta, enfim, com o seu tesouro!
Com que amor, contra o peito, a sacola de couro
Aperta, a transbordar de pedras verdes! – volta...

Mas num desvão da mata, uma tarde, ao sol posto,
Para. Um frio livor se lhe espalha no rosto...
É a febre! O Vencedor não passará dali!
Na terra que venceu há-de cair vencido:
É a febre: é a morte! E o Herói, trôpego e envelhecido,
Roto, e sem forças, cai junto do Guaicuí...

Fernão Dias Paes Leme agoniza. Um lamento
Chora longo, a rolar na longa voz do vento.
Mugem soturnamente as águas. O céu arde.
Trasmonta fulvo o sol. E a natureza assiste,
Na mesma solidão e na mesma hora triste,
À agonia do herói e à agonia da tarde.

Piam perto, na sombra, as aves agoireiras.
Silvam as cobras. Longe, as feras carniceiras
Uivam nas lapas. Desce a noite, como um véu...
Pálido, no palor da luz, o sertanejo
Estorce-se no crebro e derradeiro arquejo.
– Fernão Dias Paes Leme agoniza, e olha o céu.

Oh! esse último olhar ao firmamento! A vida
Em surtos de paixão e febre repartida,
Toda, num só olhar, devorando as estrelas!
Esse olhar, que sai como um beijo da pupila,
– Que as implora, que bebe a sua luz tranquila,
Que morre... e nunca mais, nunca mais há-de vê-las!

Ei-las todas, enchendo o céu, de canto a canto...
Nunca assim se espalhou, resplandecendo tanto,
Tanta constelação pela planície azul!
Nunca Vênus assim fulgiu! Nunca tão perto,
Nunca com tanto amor sobre o sertão deserto
Pairou tremulamente o Cruzeiro do Sul!

Noites de outrora!... Enquanto a bandeira dormia
Exausta, e áspero o vento em derredor zunia,
E a voz do noitibó soava como um agouro,
– Quantas vezes Fernão, do cabeço de um monte,
Via lenta subir do fundo do horizonte
A clara procissão dessas bandeiras de ouro!

Adeus, astros da noite! Adeus, frescas ramagens
Que a aurora desmanchava em perfumes selvagens!
Ninhos cantando no ar! suspensos gineceus
Ressoantes de amor! outonos benfeitores!
Nuvens e aves, adeus! adeus, feras e flores!
Fernão Dias Paes Leme espera a morte... Adeus!

O Sertanista ousado agoniza, sozinho...
Empasta-lhe o suor a barba em desalinho:
E com a roupa de couro em farrapos, deitado
Com a garganta afogada em uivos, ululante,
Entre os troncos da brenha hirsuta, – o Bandeirante
Jaz por terra, à feição de um tronco derribado...

E o delírio começa. A mão, que a febre agita,
Ergue-se, treme no ar, sobe, descamba aflita,
Crispa os dedos, e sonda a terra, e escarva o chão:
Sangra as unhas, revolve as raízes, acerta,
Agarra o saco, e apalpa-o, e contra o peito o aperta,
Como para o enterrar dentro do coração.

Ah! mísero demente! o teu tesouro é falso!
Tu caminhaste em vão, por sete anos, no encalço
De uma nuvem falaz, de um sonho malfazejo!
Enganou-te a ambição! mais pobre que um mendigo,
Agonizas, sem luz, sem amor, sem amigo,
Sem ter quem te conceda a extrema-unção de um beijo!

E foi para morrer de cansaço e de fome,
Sem ter quem, murmurando em lágrimas teu nome,
Te dê uma oração e um punhado de cal,
– Que tantos corações calcaste sob os passos,
E na alma da mulher que te estendia os braços
Sem piedade lançaste um veneno mortal!

E ei-la, a morte! e ei-lo, o fim! A palidez aumenta;
Fernão Dias se esvai, numa síncope lenta...
Mas, agora, um clarão ilumina-lhe a face:
E essa face cavada e magra, que a tortura
Da fome e as privações maceraram, – fulgura,
Como se a asa ideal de um arcanjo a roçasse.

———————

Adoça-se-lhe o olhar, num fulgor indeciso;
Leve, na boca aflante, esvoaça-lhe um sorriso...
– E adelgaça-se o véu das sombras. O luar
Abre no horror da noite uma verde clareira.
Como para abraçar a natureza inteira,
Fernão Dias Paes Leme estira os braços no ar...

Verdes, os astros no alto abrem-se em verdes chamas:
Verdes, na verde mata, embalançam-se as ramas;
E flores verdes no ar brandamente se movem;
Chispam verdes fuzis riscando o céu sombrio;
Em esmeraldas flui a água verde do rio,
E do céu, todo verde, as esmeraldas chovem...

E é uma ressurreição! O corpo se levanta:
Nos olhos, já sem luz, a vida exsurge e canta!
E esse destroço humano, esse pouco de pó
Contra a destruição se aferra à vida, e luta,
E treme, e cresce, e brilha, e afia o ouvido, e escuta
A voz, que na solidão só ele escuta, – só:

"Morre! morrem-te às mãos as pedras desejadas,
Desfeitas como um sonho, e em lodo desmanchadas...
Que importa? dorme em paz, que o teu labor é findo!
Nos campos, no pendor das montanhas fragosas,
Como um grande colar de esmeraldas gloriosas,
As tuas povoações se estenderão fugindo!

Quando do acampamento o bando peregrino
Saía, antemanhã, ao sabor do destino,
Em busca, ao norte e ao sul, de jazida melhor,
– No cômoro de terra, em que teu pé pousara,
Os colmados de palha aprumavam-se, e clara
A luz de uma clareira espancava o arredor.

Nesse louco vergar, nessa marcha perdida,
Tu foste, como o sol, uma fonte de vida:
Cada passada tua era um caminho aberto!
Cada pouso mudado uma nova conquista!
E enquanto ias, sonhando o teu sonho egoísta,
Teu pé, como o de um deus, fecundava o deserto!

Morre! tu viverás nas estradas que abriste!
Teu nome rolará no largo choro triste
Da água do Guaicuí... Morre, Conquistador!
Viverás quando, feito em seiva o sangue, aos ares
Subires, e, nutrindo uma árvore, cantares
Numa ramada verde entre um ninho e uma flor!

Morre! germinarão as sagradas sementes
Das gotas de suor, das lágrimas ardentes!
Hão-de frutificar as fomes e as vigílias!
E um dia, povoada a terra em que te deitas,
Quando, aos beijos do sol, sobrarem as colheitas,
Quando, aos beijos do amor, crescerem as famílias,

Tu cantarás na voz dos sinos, nas charruas,
No esto da multidão, no tumultuar das ruas,
No clamor do trabalho e nos hinos da paz!
E, subjugando o olvido, através das idades,
Violador de sertões, plantador de cidades,
Dentro do coração da Pátria viverás!"

....

Cala-se a estranha voz. Dorme de novo tudo.
Agora, a deslizar pelo arvoredo mudo,
Como um choro de prata algente o luar escorre.
E sereno, feliz, no maternal regaço
Da terra, sob a paz estrelada do espaço,
Fernão Dias Paes Leme os olhos cerra. E morre.

No Cárcere

Por que hei-de, em tudo quanto vejo, vê-la?
Por que hei-de eterna assim reproduzida
Vê-la na água do mar, na luz da estrela,
Na nuvem de ouro e na palmeira erguida?

Fosse possível ser a imagem dela
Depois de tantas mágoas esquecida!...
Pois acaso será, para esquecê-la,
Mister e força que me deixe a vida?

Negra lembrança do passado! lento
Martírio, lento e atroz! Por que não há-de
Ser dado a toda a mágoa o esquecimento?

Por quê? Quem me encadeia sem piedade
No cárcere sem luz deste tormento,
Com os pesados grilhões desta saudade?

Nel Mezzo Del Camin...

Cheguei. Chegaste. Vinhas fatigada
E triste, e triste e fatigado eu vinha.
Tinhas a alma de sonhos povoada,
E a alma de sonhos povoada eu tinha...

E paramos de súbito na estrada
Da vida: longos anos, presa à minha
A tua mão, a vista deslumbrada
Tive da luz que teu olhar continha.

Hoje, segues de novo... Na partida
Nem o pranto os teus olhos umedece,
Nem te comove a dor da despedida.

E eu, solitário, volto a face, e tremo,
Vendo o teu vulto que desaparece
Na extrema curva do caminho extremo.*

---

* Para sentir como a poesia de Bilac conformou a mente nacional, basta lembrar que os dois textos que fizeram a fortuna do rio-grandense Alceu Wamosy são ecos dele: *Duas almas* do soneto acima e *Idealizando a morte* de *In extremis*. Não admira o êxito que tiveram e continuam tendo, pois Bilac era e segue sendo o arquétipo poético para o público.

Virgens Mortas

Quando uma virgem morre, uma estrela aparece,
Nova, no velho engaste azul do firmamento:
E a alma da que morreu, de momento em momento,
Na luz da que nasceu palpita e resplandece.

Ó vós, que no silêncio e no recolhimento
Do campo, conversais a sós, quando anoitece,
Cuidado! – o que dizeis, como um rumor de prece,
Vai sussurrar no céu, levado pelo vento...

Namorados, que andais com a boca transbordando
De beijos, perturbando o campo sossegado
E o casto coração das flores inflamando,

– Piedade! elas veem tudo entre as moitas escuras...
Piedade! esse impudor ofende o olhar gelado
Das que viveram sós, das que morreram puras!

Só

Este, que um deus cruel arremessou à vida,
Marcando-o com o sinal da sua maldição,
– Este desabrochou como a erva má, nascida
Apenas para aos pés ser calcada no chão.

De motejo em motejo arrasta a alma ferida...
Sem constância no amor, dentro do coração
Sente, crespa, crescer a selva retorcida
Dos pensamentos maus, filhos da solidão.

Longos dias sem sol! noites de eterno luto!
Alma cega, perdida à toa no caminho!
Roto casco de nau, desprezado no mar!

E, árvore, acabará sem nunca dar um fruto;
E, homem, há-de morrer como viveu: sozinho!
Sem ar! sem luz! sem Deus! sem fé! sem pão! sem lar!*

---

* Nítida e solidária reflexão sobre um homossexual, no entanto pouco ou não citada pelos recentes movimentos de emancipação gay.

Hino à Tarde

Glória jovem do sol no berço de ouro em chamas,
Alva! natal da luz, primavera do dia,
Não te amo! nem a ti, canícula bravia,
Que a ti mesma te estruis no fogo que derramas!

Amo-te, hora hesitante em que se preludia
O adágio vesperal, – tumba que te recamas
De luto e de esplendor, de crepes e auriflamas,
Moribunda que ris sobre a própria agonia!

Amo-te, ó tarde triste, ó tarde augusta, que, entre
Os primeiros clarões das estrelas, no ventre,
Sob os véus do mistério e da sombra orvalhada,

Trazes a palpitar, como um fruto do outono,
A noite, alma nutriz da volúpia e do sono,
Perpetuação da vida e iniciação do nada...*

---

* Meu Deus!

PÁTRIA

Pátria, latejo em ti, no teu lenho, por onde
Circulo! e sou perfume, e sombra, e sol, e orvalho!
E, em seiva, ao teu clamor a minha voz responde,
E subo do teu cerne ao céu de galho em galho!

Dos teus liquens, dos teus cipós, da tua fronde,
Do ninho que gorjeia em teu doce agasalho,
Do fruto a amadurar que em teu seio se esconde,
De ti, – rebento em luz e em cânticos me espalho!

Vivo, choro em teu pranto; e, em teus dias felizes,
No alto, como uma flor, em ti, pompeio e exulto!
E eu, morto, – sendo tu cheia de cicatrizes,

Tu golpeada e insultada, – eu tremerei sepulto:
E os meus ossos no chão, como as tuas raízes,
Se estorcerão de dor, sofrendo o golpe e o insulto!

Língua Portuguesa

Última flor do Lácio, inculta e bela,
És, a um tempo, esplendor e sepultura:
Ouro nativo, que na ganga impura
A bruta mina entre os cascalhos vela...

Amo-te assim, desconhecida e obscura,
Tuba de alto clangor, lira singela,
Que tens o trom e o silvo da procela,
E o arrolo da saudade e da ternura!

Amo o teu viço agreste e o teu aroma
De virgens selvas e de oceano largo!
Amo-te, ó rude e doloroso idioma,

Em que da voz materna ouvi: "meu filho!"
E em que Camões chorou, no exílio amargo,
O gênio sem ventura e o amor sem brilho!

Os Rios

Magoados, ao crepúsculo dormente,
Ora em rebojos galopantes, ora
Em desmaios de pena e de demora,
Rios, chorais amarguradamente..

Desejais regressar... Mas, leito em fora,
Correis... E misturais pela corrente
Um desejo e uma angústia, entre a nascente
De onde vindes, e a foz que vos devora.

Sofreis da pressa, e, a um tempo, da lembrança...
Pois no vosso clamor, que a sombra invade,
No vosso pranto, que no mar se lança,

Rios tristes! agita-se a ansiedade
De todos os que vivem de esperança,
De todos os que morrem de saudade...

As Estrelas

Desenrola-se a sombra no regaço
Da morna tarde, no esmaiado anil;
Dorme, no ofego do calor febril,
A natureza, mole de cansaço.

Vagarosas estrelas! passo a passo,
O aprisco desertando, às mil e às mil,
Vindes do ignoto seio do redil
Num compacto rebanho, e encheis o espaço...

E, enquanto, lentas, sobre a paz terrena,
Vos tresmalhais tremulamente a flux,
– Uma divina música serena

Desce rolando pela vossa luz:
Cuida-se ouvir, ovelhas de ouro! a avena
Do invisível pastor que vos conduz...

O Crepúsculo da Beleza

Vê-se no espelho; e vê, pela janela,
A dolorosa angústia vespertina:
Pálido, morre o sol... Mas, ai! termina
Outra tarde mais triste, dentro dela;

Outra queda mais funda lhe revela
O aço feroz, e o horror de outra ruína:
Rouba-lhe a idade, pérfida e assassina,
Mais do que a vida, o orgulho de ser bela!

Fios de prata... Rugas... O desgosto
Enche-a de sombras, como a sufocá-la
Numa noite que aí vem... E no seu rosto

Uma lágrima trêmula resvala,
Trêmula, a cintilar, – como, ao sol-posto,
Uma primeira estrela em céu de opala...

Respostas nas Sombras

"Sofro... Vejo envasado em desespero e lama
Todo o antigo fulgor, que tive na alma boa;
Abandona-me a glória; a ambição me atraiçoa;
Que fazer, para ser como os felizes?"

– Ama!

"Amei... Mas tive a cruz, os cravos, a coroa
De espinhos, e o desdém que humilha, e o dó que infama;
Calcinou-me a irrisão na destruidora chama;
Padeço! Que fazer, para ser bom?"

– Perdoa!

"Perdoei... Mas outra vez, sobre o perdão e a prece,
Tive o opróbrio; e outra vez, sobre a piedade, a injúria;
Desvairo! Que fazer, para o consolo?"

– Esquece!

"Mas lembro... Em sangue e fel, o coração me escorre;
Ranjo os dentes, remordo os punhos, rujo em fúria...
Odeio! Que fazer, para a vingança?"

– Morre!

A um Poeta

Longe do estéril turbilhão da rua,
Beneditino, escreve! No aconchego
Do claustro, na paciência e no sossego,
Trabalha, e teima, e lima, e sofre, e sua!

Mas que na forma se disfarce o emprego
Do esforço; e a trama viva se construa
De tal modo, que a imagem fique nua,
Rica mas sóbria, como um templo grego.

Não se mostre na fábrica o suplício
Do mestre. E, natural, o efeito agrade,
Sem lembrar os andaimes do edifício:

Porque a Beleza, gêmea da Verdade,
Arte pura, inimiga do artifício,
É a força e a graça na simplicidade.

Diamante Negro

Vi-te uma vez, e estremeci de medo...
Havia susto no ar, quando passavas:
Vida morta enterrada num segredo,
Letárgico vulcão de ignotas lavas.

Ias como quem vai para um degredo,
De invisíveis grilhões as mãos escravas,
A marcha dúbia, o olhar turvado e quedo
No roxo abismo das olheiras cavas...

Aonde ias? aonde vais? Foge o teu vulto;
Mas fica o assombro do teu passo errante,
E fica o sopro desse inferno oculto,

O horrível fogo que contigo levas,
Incompreendido mal, negro diamante,
Sol sinistro e abafado ardendo em trevas.*

---

* Esse soneto tem sido dado como sugerido por Cruz e Souza, se bem que as fotos do grande poeta negro não autorizem a versão: mantêm a elegância no vestuário e no porte. A identificação pode ser lenda popular.

POESIAS INFANTIS

O PÁSSARO CATIVO

Armas, num galho de árvore, o alçapão;
E, em breve, uma avezinha descuidada,
Batendo as asas cai na escravidão.

Dás-lhe então, por esplêndida morada,
      A gaiola dourada;
Dás-lhe alpiste, e água fresca, e ovos, e tudo:
Por que é que, tendo tudo, há de ficar
      O passarinho mudo,
Arrepiado e triste, sem cantar?

É que, criança, os pássaros não falam.
Só gorjeando a sua dor exalam,
Sem que os homens os possam entender;
      Se os pássaros falassem,
Talvez os teus ouvidos escutassem
Este cativo pássaro dizer:

      "Não quero o teu alpiste!
Gosto mais do alimento que procuro
Na mata livre em que a voar me viste;
Tenho água fresca num recanto escuro
      Da selva em que nasci;

Da mata entre os verdores,
Tenho frutos e flores,
Sem precisar de ti!
Não quero a tua esplêndida gaiola!
Pois nenhuma riqueza me consola

De haver perdido aquilo que perdi...
Prefiro o ninho humilde, construído
De folhas secas, plácido, e escondido
Entre os galhos das árvores amigas...

Solta-me ao vento e ao sol!
Com que direito à escravidão me obrigas?
Quero saudar as pompas do arrebol!
Quero, ao cair da tarde,
Entoar minhas tristíssimas cantigas!
Por que me prendes? Solta-me, covarde!
Deus me deu por gaiola a imensidade:
Não me roubes a minha liberdade...
Quero voar! voar!..."

Estas coisas o pássaro diria,
Se pudesse falar.
E a tua alma, criança, tremeria,
Vendo tanta aflição:
E a tua mão, tremendo, lhe abriria
A porta da prisão...

Os pobres

Aí vêm pelos caminhos,
Descalços, e pés no chão,
Os pobres que andam sozinhos,
Implorando compaixão.

Vivem sem cama e sem teto,
Na fome e na solidão:
Pedem um pouco de afeto,
Pedem um pouco de pão.

São tímidos? São covardes?
Têm pejo? Têm confusão?
Parai para os encontrardes,
E dai-lhes a vossa mão!

Guiai-lhes os tristes passos!
Dai-lhes, sem hesitação,
O apoio de vossos braços,
Metade de vosso pão!

Não receeis que, algum dia,
Vos assalte a ingratidão:
O prêmio está na alegria
Que tereis no coração.

Protegei os desgraçados,
Órfãos de toda a afeição:
E sereis abençoados
Por um pedaço de pão...

A BONECA

Deixando a bola e a peteca,
Com que inda há pouco brincavam,
Por causa de uma boneca,
Duas meninas brigavam.

Dizia a primeira: "É minha!"
– "É minha!" a outra gritava;
E nenhuma se continha,
Nem a boneca largava.

Quem mais sofria (coitada!)
Era a boneca. Já tinha
Toda a roupa estraçalhada,
E amarrotada a carinha...

Tanto puxavam por ela,
Que a pobre rasgou-se ao meio,
Perdendo a estopa amarela
Que lhe formava o recheio.

E, ao fim de tanta fadiga,
Voltando à bola e à peteca,
Ambas, por causa da briga,
Ficaram sem a boneca...

A VIDA

Na água do rio que procura o mar;
No mar sem fim; na luz que nos encanta;
Na montanha que aos ares se levanta;
No céu sem raias que deslumbra o olhar;

No astro maior, na mais humilde planta;
Na voz do vento, no clarão solar;
No inseto vil, no tronco secular,
– A vida universal palpita e canta!

Vive até, no seu sono, a pedra bruta...
Tudo vive! E, alta noite, na mudez
De tudo, – essa harmonia que se escuta

Correndo os ares, na amplidão perdida,
Essa música doce, é a voz, talvez,
Da alma de tudo, celebrando a Vida!

A MOCIDADE

A Mocidade é a Primavera!
A alma cheia de flores, resplandece,
Crê no bem, ama a vida, sonha e espera,
E a desventura facilmente esquece.

É a idade da força e da beleza:
Olha o futuro e inda não tem passado;
E, encarando de frente a Natureza,
Não tem receio do trabalho ousado.

Ama a vigília, aborrecendo o sono;
Tem projetos de glória, ama a Quimera;
E ainda não dá frutos como o outono,
Pois só dá flores como a primavera!

As velhas árvores

Olha estas velhas árvores, – mais belas,
Do que as árvores moças, mais amigas,
Tanto mais belas quanto mais antigas,
Vencedoras da idade e das procelas...

O homem, a fera e o inseto à sombra delas
Vivem livres de fomes e fadigas;
E em seus galhos abrigam-se as cantigas
E alegria das aves tagarelas...

Não choremos jamais a mocidade!
Envelheçamos rindo! envelheçamos
Como as árvores fortes envelhecem,

Na glória da alegria e da bondade,
Agasalhando os pássaros nos ramos,
Dando sombra e consolo aos que padecem!

A PÁTRIA

Ama, com fé e orgulho, a terra em que nasceste!

Criança! não verás nenhum país como este!
Olha que céu! que mar! que rios! que floresta!
A natureza, aqui, perpetuamente em festa,
É um seio de mãe a transbordar carinhos.
Vê que vida há no chão! vê que vida há nos ninhos,
Que se balançam no ar, entre os ramos inquietos!
Vê que luz, que calor, que multidão de insetos!
Vê que grande extensão de matas, onde impera,
Fecunda e luminosa, a eterna primavera!
Boa terra! jamais negou a quem trabalha
O pão que mata a fome, o teto que agasalha...

Quem com o seu suor a fecunda e umedece,
Vê pago a seu esforço, e é feliz, e enriquece!

Criança! não verás país nenhum como este:
Imita na grandeza a terra em que nasceste!*

---

* Esse poema para o leitor infantil tem sido alvo dos mais sisudos ataques de quem, naturalmente, não tem ideia do valor do poeta nem do que seja uma criança.
Terminam aqui as poesias infantis.

Benedicite!

Bendito o que, na terra, o fogo fez, e o teto;
E o que uniu a charrua ao boi paciente e amigo;
E o que encontrou a enxada; e o que, do chão abjeto,
Fez, aos beijos do sol, o ouro brotar do trigo;

E o que o ferro forjou; e o piedoso arquiteto
Que ideou, depois do berço e do lar, o jazigo;
E o que os fios urdiu; e o que achou o alfabeto;
E o que deu uma esmola ao primeiro mendigo;

E o que soltou ao mar a quilha, e ao vento o pano;
E o que inventou o canto; e o que criou a lira;
E o que domou o raio; e o que alçou o aeroplano...

Mais bendito, entre os mais, o que, no dó profundo,
Descobriu a Esperança, a divina mentira,
Dando ao homem o dom de suportar o mundo!

Fogo-Fátuo

Cabelos brancos! dai-me, enfim a calma
A esta tortura de homem e de artista:
Desdém pelo que encerra a minha palma,
E ambição pelo mais que não exista;

Esta febre, que o espírito me encalma
E logo me enregela; esta conquista
De ideias, ao nascer, morrendo na alma,
De mundos, ao raiar, murchando à vista:

Esta melancolia sem remédio,
Saudade sem razão, louca esperança
ardendo em choros e findando em tédios;

Esta ansiedade absurda, esta corrida
Para fugir o que o meu sonho alcança,
Para querer o que não há na vida!

Remorso

Às vezes, uma dor me desespera...
Nestas ânsias e dúvidas que ando,
Cismo e padeço, neste outono, quando
Calculo o que perdi na primavera.

Versos e amores sufoquei calando,
Sem os gozar numa explosão sincera...
Ah! mais cem vidas! com que ardor quisera
Mais viver, mais penar e amar cantando!

Sinto o que esperdicei na juventude;
Choro, neste começo de velhice,
Mártir da hipocrisia ou da virtude,

Os beijos que não tive por tolice,
Por timidez o que sofrer não pude,
E por pudor os versos que não disse!

Abstração

Há no espaço milhões de estrelas carinhosas,
Ao alcance do teu olhar... Mas conjecturas
Aquelas que não vês, ígneas e ignotas rosas,
Viçando na mais longe altura das alturas.

Há na terra milhões de mulheres formosas,
Ao alcance do teu desejo... Mas procuras
As que não vivem, sonho e afeto que não gozas
Nem gozarás, visões passadas ou futuras.

Assim, numa abstração de números e imagens,
Vives. Olhas com tédio o planeta ermo e triste,
E achas deserta e escura a abóbada celeste.

E morrerás, sozinho, entre duas miragens:
As estrelas sem nome – a luz que nunca viste,
E as mulheres sem corpo – o amor que não tiveste!

ESTUÁRIO

Viverei! Nos meus dias descontentes,
Não sofro só por mim... Sofro, a sangrar,
Todo o infinito universal pesar,
A tristeza das cousas e dos entes.

Alheios prantos, em cachões ardentes,
Vêm ao meu coração e ao meu olhar:
– Tal, num estuário imenso, acolhe o mar
Todas as águas vivas das vertentes.

Morre o infeliz, que unicamente encerra
A própria dor, estrangulada em si...
Mas vive a Vida que em meus versos erra;

Vive o consolo que deixei aqui;
Vive a piedade que espalhei na terra...
Assim, não morrerei, porque sofri!

ORAÇÃO À CIBELE

Deitado sobre a terra, em cruz, levanto o rosto
Ao céu e às tuas mãos ferozes e esmoleres.
Mata-me! Abençoarei teu coração, composto,
Ó mãe, dos corações de todas as mulheres!

Tu, que me dás amor e dor, gosto e desgosto,
Glória e vergonha, tu, que me afagas e feres,
Aniquila-me! E doura e embala o meu sol-posto,
Fonte! berço! mistério! Ísis! Pandora! Ceres!

Que eu morra assim feliz, tudo de ti querendo:
Mal e bem, desespero e ideal, veneno e pomo,
Pecados e perdões, beijos puros e impuros!

E os astros sobre mim caiam de ti, chovendo,
Como os teus crimes, como as tuas bênçãos, como
A doçura e o travor de teus cachos maduros!

Introibo!

Sinto às vezes, à noite, o invisível cortejo
De outras vidas, num caos de clarões e gemidos:
Vago tropel, voejar confuso, hálito e beijo
De cousas sem figura e seres escondidos...

Miserável, percebo, em tortura e desejo,
Um perfume, um sabor, um tato incompreendidos,
E vozes que não ouço, e cores que não vejo,
Um mundo superior aos meus cinco sentidos.

Ardo, aspiro, por ver, por saber, longe, acima,
Fora de mim, além da dúvida e do espanto!
E na sideração, que, um dia, me redima,

Liberto flutuarei, feliz, no seio etéreo,
E, ó Morte, rolarei no teu piedoso manto,
Para o deslumbramento augusto do mistério!

Os sinos

Plangei, sinos! A terra ao nosso amor não basta...
Cansados de ânsias vis e de ambições ferozes,
Ardemos numa louca aspiração mais casta,
Para transmigrações, para metempsicoses!

Cantai, sinos! Daqui por onde o horror se arrasta,
Campas de rebeliões, bronzes de apoteoses,
Badalai, bimbalhai, tocai à esfera vasta!
Levai os nossos ais rolando em vossas vozes!

Em repiques de febre, em dobres a finados,
Em rebates de angústia, ó carrilhões, dos cimos
Tangei! Torres da fé, vibrai os nossos brados!

Dizei, sinos da terra em clamores supremos,
Toda a nossa tortura aos astros de onde vimos,
Toda a nossa esperança aos astros aonde iremos!

Vulnerant Omnes, Ultima Necat

Rio perpétuo e surdo, as serras esboroas,
Serras e almas, ó Tempo! e, em mudas cataratas,
As tuas horas vão mordendo, aluindo, à toa...
Todas ferem, passando: e a derradeira mata.

Mas a vida é um favor! De crepe, ou de ouro e prata,
Da injúria ou do perdão, do opróbrio ou da coroa,
Todas as horas, para o martírio, são gratas!
Todas, para a esperança e para a fé, são boas!

Primeira, que, em meu ninho, os primeiros arrulhos
Me deste, e a minha Mãe deste um grito e um orgulho,
Bendita! E todas vós, benditas, na ânsia triste

Ou no clamor triunfal, que todas me feristes!
E bendita, que sobre a minha cova aberta
Pairas, última, ó tu que matas e libertas!

Coleção **L&PM** POCKET (Lançamentos mais recentes)

703. **Striptiras (3)** – Laerte
704. **Discurso sobre a origem e os fundamentos da desigualdade entre os homens** – Rousseau
705. **Os duelistas** – Joseph Conrad
706. **Dilbert (2)** – Scott Adams
707. **Viver e escrever** (vol. 1) – Edla van Steen
708. **Viver e escrever** (vol. 2) – Edla van Steen
709. **Viver e escrever** (vol. 3) – Edla van Steen
710. **A teia da aranha** – Agatha Christie
711. **O banquete** – Platão
712. **Os belos e malditos** – F. Scott Fitzgerald
713. **Libelo contra a arte moderna** – Salvador Dalí
714. **Akropolis** – Valerio Massimo Manfredi
715. **Devoradores de mortos** – Michael Crichton
716. **Sob o sol da Toscana** – Frances Mayes
717. **Batom na cueca** – Nani
718. **Vida dura** – Claudia Tajes
719. **Carne trêmula** – Ruth Rendell
720. **Cris, a fera** – David Coimbra
721. **O anticristo** – Nietzsche
722. **Como um romance** – Daniel Pennac
723. **Emboscada no Forte Bragg** – Tom Wolfe
724. **Assédio sexual** – Michael Crichton
725. **O espírito do Zen** – Alan W. Watts
726. **Um bonde chamado desejo** – Tennessee Williams
727. **Como gostais** *seguido de* **Conto de inverno** – Shakespeare
728. **Tratado sobre a tolerância** – Voltaire
729. **Snoopy: Doces ou travessuras? (7)** – Charles Schulz
730. **Cardápios do Anonymus Gourmet** – J.A. Pinheiro Machado
731. **100 receitas com lata** – J.A. Pinheiro Machado
732. **Conhece o Mário?** vol.2 – Santiago
733. **Dilbert (3)** – Scott Adams
734. **História de um louco amor** *seguido de* **Passado amor** – Horacio Quiroga
735.(11).**Sexo: muito prazer** – Laura Meyer da Silva
736.(12).**Para entender o adolescente** – Dr. Ronald Pagnoncelli
737.(13).**Desembarcando a tristeza** – Dr. Fernando Lucchese
738. **Poirot e o mistério da arca espanhola & outras histórias** – Agatha Christie
739. **A última legião** – Valerio Massimo Manfredi
741. **Sol nascente** – Michael Crichton
742. **Duzentos ladrões** – Dalton Trevisan
743. **Os devaneios do caminhante solitário** – Rousseau
744. **Garfield, o rei da preguiça (10)** – Jim Davis
745. **Os magnatas** – Charles R. Morris
746. **Pulp** – Charles Bukowski
747. **Enquanto agonizo** – William Faulkner
748. **Aline: viciada em sexo (3)** – Adão Iturrusgarai
749. **A dama do cachorrinho** – Anton Tchékhov
750. **Tito Andrônico** – Shakespeare
751. **Antologia poética** – Anna Akhmátova
752. **O melhor de Hagar 6** – Dik e Chris Browne
753.(12).**Michelangelo** – Nadine Sautel
754. **Dilbert (4)** – Scott Adams
755. **O jardim das cerejeiras** *seguido de* **Tio Vânia** – Tchékhov
756. **Geração Beat** – Claudio Willer
757. **Santos Dumont** – Alcy Cheuiche
758. **Budismo** – Claude B. Levenson
759. **Cleópatra** – Christian-Georges Schwentzel
760. **Revolução Francesa** – Frédéric Bluche, Stéphane Rials e Jean Tulard
761. **A crise de 1929** – Bernard Gazier
762. **Sigmund Freud** – Edson Sousa e Paulo Endo
763. **Império Romano** – Patrick Le Roux
764. **Cruzadas** – Cécile Morrisson
765. **O mistério do Trem Azul** – Agatha Christie
768. **Senso comum** – Thomas Paine
769. **O parque dos dinossauros** – Michael Crichton
770. **Trilogia da paixão** – Goethe
773. **Snoopy: No mundo da lua! (8)** – Charles Schulz
774. **Os Quatro Grandes** – Agatha Christie
775. **Um brinde de cianureto** – Agatha Christie
776. **Súplicas atendidas** – Truman Capote
779. **A viúva imortal** – Millôr Fernandes
780. **Cabala** – Roland Goetschel
781. **Capitalismo** – Claude Jessua
782. **Mitologia grega** – Pierre Grimal
783. **Economia: 100 palavras-chave** – Jean-Paul Betbèze
784. **Marxismo** – Henri Lefebvre
785. **Punição para a inocência** – Agatha Christie
786. **A extravagância do morto** – Agatha Christie
787.(13).**Cézanne** – Bernard Fauconnier
788. **A identidade Bourne** – Robert Ludlum
789. **Da tranquilidade da alma** – Sêneca
790. **Um artista da fome** *seguido de* **Na colônia penal e outras histórias** – Kafka
791. **Histórias de fantasmas** – Charles Dickens
796. **O Uraguai** – Basílio da Gama
797. **A mão misteriosa** – Agatha Christie
798. **Testemunha ocular do crime** – Agatha Christie
799. **Crepúsculo dos ídolos** – Friedrich Nietzsche
802. **O grande golpe** – Dashiell Hammett
803. **Humor barra pesada** – Nani
804. **Vinho** – Jean-François Gautier
805. **Egito Antigo** – Sophie Desplancques
806.(14).**Baudelaire** – Jean-Baptiste Baronian
807. **Caminho da sabedoria, caminho da paz** – Dalai Lama e Felizitas von Schönborn
808. **Senhor e servo e outras histórias** – Tolstói
809. **Os cadernos de Malte Laurids Brigge** – Rilke
810. **Dilbert (5)** – Scott Adams
811. **Big Sur** – Jack Kerouac
812. **Seguindo a correnteza** – Agatha Christie
813. **O álibi** – Sandra Brown
814. **Montanha-russa** – Martha Medeiros
815. **Coisas da vida** – Martha Medeiros
816. **A cantada infalível** *seguido de* **A mulher do centroavante** – David Coimbra
819. **Snoopy: Pausa para a soneca (9)** – Charles Schulz

820. **De pernas pro ar** – Eduardo Galeano
821. **Tragédias gregas** – Pascal Thiercy
822. **Existencialismo** – Jacques Colette
823. **Nietzsche** – Jean Granier
824. **Amar ou depender?** – Walter Riso
825. **Darmapada: A doutrina budista em versos**
826. **J'Accuse...! – a verdade em marcha** – Zola
827. **Os crimes ABC** – Agatha Christie
828. **Um gato entre os pombos** – Agatha Christie
831. **Dicionário de teatro** – Luiz Paulo Vasconcellos
832. **Cartas extraviadas** – Martha Medeiros
833. **A longa viagem de prazer** – J. J. Morosoli
834. **Receitas fáceis** – J. A. Pinheiro Machado
835. **(14).Mais fatos & mitos** – Dr. Fernando Lucchese
836. **(15).Boa viagem!** – Dr. Fernando Lucchese
837. **Aline: Finalmente nua!!! (4)** – Adão Iturrusgarai
838. **Mônica tem uma novidade!** – Mauricio de Sousa
839. **Cebolinha em apuros!** – Mauricio de Sousa
840. **Sócios no crime** – Agatha Christie
841. **Bocas do tempo** – Eduardo Galeano
842. **Orgulho e preconceito** – Jane Austen
843. **Impressionismo** – Dominique Lobstein
844. **Escrita chinesa** – Viviane Alleton
845. **Paris: uma história** – Yvan Combeau
846. **(15).Van Gogh** – David Haziot
848. **Portal do destino** – Agatha Christie
849. **O futuro de uma ilusão** – Freud
850. **O mal-estar na cultura** – Freud
853. **Um crime adormecido** – Agatha Christie
854. **Satori em Paris** – Jack Kerouac
855. **Medo e delírio em Las Vegas** – Hunter Thompson
856. **Um negócio fracassado e outros contos de humor** – Tchékhov
857. **Mônica está de férias!** – Mauricio de Sousa
858. **De quem é esse coelho?** – Mauricio de Sousa
860. **O mistério Sittaford** – Agatha Christie
861. **Manhã transfigurada** – L. A. de Assis Brasil
862. **Alexandre, o Grande** – Pierre Briant
863. **Jesus** – Charles Perrot
864. **Islã** – Paul Balta
865. **Guerra da Secessão** – Farid Ameur
866. **Um rio que vem da Grécia** – Cláudio Moreno
868. **Assassinato na casa do pastor** – Agatha Christie
869. **Manual do líder** – Napoleão Bonaparte
870. **(16).Billie Holiday** – Sylvia Fol
871. **Bidu arrasando!** – Mauricio de Sousa
872. **Os Sousa: Desventuras em família** – Mauricio de Sousa
874. **E no final a morte** – Agatha Christie
875. **Guia prático do Português correto – vol. 4** – Cláudio Moreno
876. **Dilbert (6)** – Scott Adams
877. **(17).Leonardo da Vinci** – Sophie Chauveau
878. **Bella Toscana** – Frances Mayes
879. **A arte da ficção** – David Lodge
880. **Striptiras (4)** – Laerte
881. **Skrotinhos** – Angeli
882. **Depois do funeral** – Agatha Christie
883. **Radicci 7** – Iotti
884. **Walden** – H. D. Thoreau
885. **Lincoln** – Allen C. Guelzo
886. **Primeira Guerra Mundial** – Michael Howard
887. **A linha de sombra** – Joseph Conrad
888. **O amor é um cão dos diabos** – Bukowski
890. **Despertar: uma vida de Buda** – Jack Kerouac
891. **(18).Albert Einstein** – Laurent Seksik
892. **Hell's Angels** – Hunter Thompson
893. **Ausência na primavera** – Agatha Christie
894. **Dilbert (7)** – Scott Adams
895. **Ao sul de lugar nenhum** – Bukowski
896. **Maquiavel** – Quentin Skinner
897. **Sócrates** – C.C.W. Taylor
899. **O Natal de Poirot** – Agatha Christie
900. **As veias abertas da América Latina** – Eduardo Galeano
901. **Snoopy: Sempre alerta! (10)** – Charles Schulz
902. **Chico Bento: Plantando confusão** – Mauricio de Sousa
903. **Penadinho: Quem é morto sempre aparece** – Mauricio de Sousa
904. **A vida sexual da mulher feia** – Claudia Tajes
905. **100 segredos de liquidificador** – José Antonio Pinheiro Machado
906. **Sexo muito prazer 2** – Laura Meyer da Silva
907. **Os nascimentos** – Eduardo Galeano
908. **As caras e as máscaras** – Eduardo Galeano
909. **O século do vento** – Eduardo Galeano
910. **Poirot perde uma cliente** – Agatha Christie
911. **Cérebro** – Michael O'Shea
912. **O escaravelho de ouro e outras histórias** – Edgar Allan Poe
913. **Piadas para sempre (4)** – Visconde da Casa Verde
914. **100 receitas de massas light** – Helena Tonetto
915. **(19).Oscar Wilde** – Daniel Salvatore Schiffer
916. **Uma breve história do mundo** – H. G. Wells
917. **A Casa do Penhasco** – Agatha Christie
918. **John M. Keynes** – Bernard Gazier
919. **(20).Virginia Woolf** – Alexandra Lemasson
921. **Peter e Wendy** seguido de **Peter Pan em Kensington Gardens** – J. M. Barrie
922. **Aline: numas de colegial (5)** – Adão Iturrusgarai
923. **Uma dose mortal** – Agatha Christie
924. **Os trabalhos de Hércules** – Agatha Christie
926. **Kant** – Roger Scruton
927. **A inocência do Padre Brown** – G.K. Chesterton
928. **Casa Velha** – Machado de Assis
929. **Marcas de nascença** – Nancy Huston
930. **Aulete de bolso**
931. **Hora Zero** – Agatha Christie
932. **Morte na Mesopotâmia** – Agatha Christie
934. **Nem te conto, João** – Dalton Trevisan
935. **As aventuras de Huckleberry Finn** – Mark Twain
936. **(21).Marilyn Monroe** – Anne Plantagenet
937. **China moderna** – Rana Mitter
938. **Dinossauros** – David Norman
939. **Louca por homem** – Claudia Tajes
940. **Amores de alto risco** – Walter Riso
941. **Jogo de damas** – David Coimbra
942. **Filha é filha** – Agatha Christie
943. **M ou N?** – Agatha Christie

945. **Bidu: diversão em dobro!** – Mauricio de Sousa
946. **Fogo** – Anaïs Nin
947. **Rum: diário de um jornalista bêbado** – Hunter Thompson
948. **Persuasão** – Jane Austen
949. **Lágrimas na chuva** – Sergio Faraco
950. **Mulheres** – Bukowski
951. **Um pressentimento funesto** – Agatha Christie
952. **Cartas na mesa** – Agatha Christie
954. **O lobo do mar** – Jack London
955. **Os gatos** – Patricia Highsmith
956. (22).**Jesus** – Christiane Rancé
957. **História da medicina** – William Bynum
958. **O Morro dos Ventos Uivantes** – Emily Brontë
959. **A filosofia na era trágica dos gregos** – Nietzsche
960. **Os treze problemas** – Agatha Christie
961. **A massagista japonesa** – Moacyr Scliar
963. **Humor do miserê** – Nani
964. **Todo o mundo tem dúvida, inclusive você** – Édison de Oliveira
965. **A dama do Bar Nevada** – Sergio Faraco
969. **O psicopata americano** – Bret Easton Ellis
970. **Ensaios de amor** – Alain de Botton
971. **O grande Gatsby** – F. Scott Fitzgerald
972. **Por que não sou cristão** – Bertrand Russell
973. **A Casa Torta** – Agatha Christie
974. **Encontro com a morte** – Agatha Christie
975. (23).**Rimbaud** – Jean-Baptiste Baronian
976. **Cartas na rua** – Bukowski
977. **Memória** – Jonathan K. Foster
978. **A abadia de Northanger** – Jane Austen
979. **As pernas de Úrsula** – Claudia Tajes
980. **Retrato inacabado** – Agatha Christie
981. **Solanin (1)** – Inio Asano
982. **Solanin (2)** – Inio Asano
983. **Aventuras de menino** – Mitsuru Adachi
984. (16).**Fatos & mitos sobre sua alimentação** – Dr. Fernando Lucchese
985. **Teoria quântica** – John Polkinghorne
986. **O eterno marido** – Fiódor Dostoiévski
987. **Um safado em Dublin** – J. P. Donleavy
988. **Mirinha** – Dalton Trevisan
989. **Akhenaton e Nefertiti** – Carmen Seganfredo e A. S. Franchini
990. **On the Road – o manuscrito original** – Jack Kerouac
991. **Relatividade** – Russell Stannard
992. **Abaixo de zero** – Bret Easton Ellis
993. (24).**Andy Warhol** – Mériam Korichi
994. **Os últimos casos de Miss Marple** – Agatha Christie
996. **Nico Demo: Aí vem encrenca** – Mauricio de Sousa
998. **Rousseau** – Robert Wokler
999. **Noite sem fim** – Agatha Christie
1000. **Diários de Andy Warhol (1)** – Editado por Pat Hackett
1001. **Diários de Andy Warhol (2)** – Editado por Pat Hackett
1002. **Cartier-Bresson: o olhar do século** – Pierre Assouline
1003. **As melhores histórias da mitologia: vol. 1** – A.S. Franchini e Carmen Seganfredo
1004. **As melhores histórias da mitologia: vol. 2** – A.S. Franchini e Carmen Seganfredo
1005. **Assassinato no beco** – Agatha Christie
1006. **Convite para um homicídio** – Agatha Christie
1008. **História da vida** – Michael J. Benton
1009. **Jung** – Anthony Stevens
1010. **Arsène Lupin, ladrão de casaca** – Maurice Leblanc
1011. **Dublinenses** – James Joyce
1012. **120 tirinhas da Turma da Mônica** – Mauricio de Sousa
1013. **Antologia poética** – Fernando Pessoa
1014. **A aventura de um cliente ilustre** *seguido de* **O último adeus de Sherlock Holmes** – Sir Arthur Conan Doyle
1015. **Cenas de Nova York** – Jack Kerouac
1016. **A corista** – Anton Tchékhov
1017. **O diabo** – Leon Tolstói
1018. **Fábulas chinesas** – Sérgio Capparelli e Márcia Schmaltz
1019. **O gato do Brasil** – Sir Arthur Conan Doyle
1020. **Missa do Galo** – Machado de Assis
1021. **O mistério de Marie Rogêt** – Edgar Allan Poe
1022. **A mulher mais linda da cidade** – Bukowski
1023. **O retrato** – Nicolai Gogol
1024. **O conflito** – Agatha Christie
1025. **Os primeiros casos de Poirot** – Agatha Christie
1027. (25).**Beethoven** – Bernard Fauconnier
1028. **Platão** – Julia Annas
1029. **Cleo e Daniel** – Roberto Freire
1030. **Til** – José de Alencar
1031. **Viagens na minha terra** – Almeida Garrett
1032. **Profissões para mulheres e outros artigos feministas** – Virginia Woolf
1033. **Mrs. Dalloway** – Virginia Woolf
1034. **O cão da morte** – Agatha Christie
1035. **Tragédia em três atos** – Agatha Christie
1037. **O fantasma da Ópera** – Gaston Leroux
1038. **Evolução** – Brian e Deborah Charlesworth
1039. **Medida por medida** – Shakespeare
1040. **Razão e sentimento** – Jane Austen
1041. **A obra-prima ignorada** *seguido de* **Um episódio durante o Terror** – Balzac
1042. **A fugitiva** – Anaïs Nin
1043. **As grandes histórias da mitologia greco-romana** – A. S. Franchini
1044. **O corno de si mesmo & outras historietas** – Marquês de Sade
1045. **Da felicidade** *seguido de* **Da vida retirada** – Sêneca
1046. **O horror em Red Hook e outras histórias** – H. P. Lovecraft
1047. **Noite em claro** – Martha Medeiros
1048. **Poemas clássicos chineses** – Li Bai, Du Fu e Wang Wei
1049. **A terceira moça** – Agatha Christie
1050. **Um destino ignorado** – Agatha Christie
1051. (26).**Buda** – Sophie Royer
1052. **Guerra Fria** – Robert J. McMahon
1053. **Simons's Cat: as aventuras de um gato travesso e comilão – vol. 1** – Simon Tofield

1054. **Simons's Cat: as aventuras de um gato travesso e comilão – vol. 2** – Simon Tofield
1055. **Só as mulheres e as baratas sobreviverão** – Claudia Tajes
1057. **Pré-história** – Chris Gosden
1058. **Pintou sujeira!** – Mauricio de Sousa
1059. **Contos de Mamãe Gansa** – Charles Perrault
1060. **A interpretação dos sonhos: vol. 1** – Freud
1061. **A interpretação dos sonhos: vol. 2** – Freud
1062. **Frufru Ratapla Dolores** – Dalton Trevisan
1063. **As melhores histórias da mitologia egípcia** – Carmem Seganfredo e A.S. Franchini
1064. **Infância. Adolescência. Juventude** – Tolstói
1065. **As consolações da filosofia** – Alain de Botton
1066. **Diários de Jack Kerouac – 1947-1954**
1067. **Revolução Francesa – vol. 1** – Max Gallo
1068. **Revolução Francesa – vol. 2** – Max Gallo
1069. **O detetive Parker Pyne** – Agatha Christie
1070. **Memórias do esquecimento** – Flávio Tavares
1071. **Drogas** – Leslie Iversen
1072. **Manual de ecologia (vol.2)** – J. Lutzenberger
1073. **Como andar no labirinto** – Affonso Romano de Sant'Anna
1074. **A orquídea e o serial killer** – Juremir Machado da Silva
1075. **Amor nos tempos de fúria** – Lawrence Ferlinghetti
1076. **A aventura do pudim de Natal** – Agatha Christie
1078. **Amores que matam** – Patricia Faur
1079. **Histórias de pescador** – Mauricio de Sousa
1080. **Pedaços de um caderno manchado de vinho** – Bukowski
1081. **A ferro e fogo: tempo de solidão (vol.1)** – Josué Guimarães
1082. **A ferro e fogo: tempo de guerra (vol.2)** – Josué Guimarães
1084(17). **Desembarcando o Alzheimer** – Dr. Fernando Lucchese e Dra. Ana Hartmann
1085. **A maldição do espelho** – Agatha Christie
1086. **Uma breve história da filosofia** – Nigel Warburton
1088. **Heróis da História** – Will Durant
1089. **Concerto campestre** – L. A. de Assis Brasil
1090. **Morte nas nuvens** – Agatha Christie
1092. **Aventura em Bagdá** – Agatha Christie
1093. **O cavalo amarelo** – Agatha Christie
1094. **O método de interpretação dos sonhos** – Freud
1095. **Sonetos de amor e desamor** – Vários
1096. **120 tirinhas do Dilbert** – Scott Adams
1097. **200 fábulas de Esopo**
1098. **O curioso caso de Benjamin Button** – F. Scott Fitzgerald
1099. **Piadas para sempre: uma antologia para morrer de rir** – Visconde da Casa Verde
1100. **Hamlet (Mangá)** – Shakespeare
1101. **A arte da guerra (Mangá)** – Sun Tzu
1104. **As melhores histórias da Bíblia (vol.1)** – A. S. Franchini e Carmen Seganfredo
1105. **As melhores histórias da Bíblia (vol.2)** – A. S. Franchini e Carmen Seganfredo
1106. **Psicologia das massas e análise do eu** – Freud
1107. **Guerra Civil Espanhola** – Helen Graham
1108. **A autoestrada do sul e outras histórias** – Julio Cortázar
1109. **O mistério dos sete relógios** – Agatha Christie
1110. **Peanuts: Ninguém gosta de mim... (amor)** – Charles Schulz
1111. **Cadê o bolo?** – Mauricio de Sousa
1112. **O filósofo ignorante** – Voltaire
1113. **Totem e tabu** – Freud
1114. **Filosofia pré-socrática** – Catherine Osborne
1115. **Desejo de status** – Alain de Botton
1118. **Passageiro para Frankfurt** – Agatha Christie
1120. **Kill All Enemies** – Melvin Burgess
1121. **A morte da sra. McGinty** – Agatha Christie
1122. **Revolução Russa** – S. A. Smith
1123. **Até você, Capitu?** – Dalton Trevisan
1124. **O grande Gatsby (Mangá)** – F. S. Fitzgerald
1125. **Assim falou Zaratustra (Mangá)** – Nietzsche
1126. **Peanuts: É para isso que servem os amigos (amizade)** – Charles Schulz
1127(27). **Nietzsche** – Dorian Astor
1128. **Bidu: Hora do banho** – Mauricio de Sousa
1129. **O melhor do Macanudo Taurino** – Santiago
1130. **Radicci 30 anos** – Iotti
1131. **Show de sabores** – J.A. Pinheiro Machado
1132. **O prazer das palavras** – vol. 3 – Cláudio Moreno
1133. **Morte na praia** – Agatha Christie
1134. **O fardo** – Agatha Christie
1135. **Manifesto do Partido Comunista (Mangá)** – Marx & Engels
1136. **A metamorfose (Mangá)** – Franz Kafka
1137. **Por que você não se casou... ainda** – Tracy McMillan
1138. **Textos autobiográficos** – Bukowski
1139. **A importância de ser prudente** – Oscar Wilde
1140. **Sobre a vontade na natureza** – Arthur Schopenhauer
1141. **Dilbert (8)** – Scott Adams
1142. **Entre dois amores** – Agatha Christie
1143. **Cipreste triste** – Agatha Christie
1144. **Alguém viu uma assombração?** – Mauricio de Sousa
1145. **Mandela** – Elleke Boehmer
1146. **Retrato do artista quando jovem** – James Joyce
1147. **Zadig ou o destino** – Voltaire
1148. **O contrato social (Mangá)** – J.-J. Rousseau
1149. **Garfield fenomenal** – Jim Davis
1150. **A queda da América** – Allen Ginsberg
1151. **Música na noite & outros ensaios** – Aldous Huxley
1152. **Poesias inéditas & Poemas dramáticos** – Fernando Pessoa
1153. **Peanuts: Felicidade é...** – Charles M. Schulz
1154. **Mate-me por favor** – Legs McNeil e Gillian McCain
1155. **Assassinato no Expresso Oriente** – Agatha Christie
1156. **Um punhado de centeio** – Agatha Christie
1157. **A interpretação dos sonhos (Mangá)** – Freud

1158. **Peanuts: Você não entende o sentido da vida** – Charles M. Schulz
1159. **A dinastia Rothschild** – Herbert R. Lottman
1160. **A Mansão Hollow** – Agatha Christie
1161. **Nas montanhas da loucura** – H.P. Lovecraft
1162. (28). **Napoleão Bonaparte** – Pascale Fautrier
1163. **Um corpo na biblioteca** – Agatha Christie
1164. **Inovação** – Mark Dodgson e David Gann
1165. **O que toda mulher deve saber sobre os homens: a afetividade masculina** – Walter Riso
1166. **O amor está no ar** – Mauricio de Sousa
1167. **Testemunha de acusação & outras histórias** – Agatha Christie
1168. **Etiqueta de bolso** – Celia Ribeiro
1169. **Poesia reunida (volume 3)** – Affonso Romano de Sant'Anna
1170. **Emma** – Jane Austen
1171. **Que seja um segredo** – Ana Miranda
1172. **Garfield sem apetite** – Jim Davis
1173. **Garfield: Foi mal...** – Jim Davis
1174. **Os irmãos Karamázov (Mangá)** – Dostoiévski
1175. **O Pequeno Príncipe** – Antoine de Saint-Exupéry
1176. **Peanuts: Ninguém mais tem o espírito aventureiro** – Charles M. Schulz
1177. **Assim falou Zaratustra** – Nietzsche
1178. **Morte no Nilo** – Agatha Christie
1179. **Ê, soneca boa** – Mauricio de Sousa
1180. **Garfield a todo o vapor** – Jim Davis
1181. **Em busca do tempo perdido (Mangá)** – Proust
1182. **Cai o pano: o último caso de Poirot** – Agatha Christie
1183. **Livro para colorir e relaxar** – Livro 1
1184. **Para colorir sem parar**
1185. **Os elefantes não esquecem** – Agatha Christie
1186. **Teoria da relatividade** – Albert Einstein
1187. **Compêndio da psicanálise** – Freud
1188. **Visões de Gerard** – Jack Kerouac
1189. **Fim de verão** – Mohiro Kitoh
1190. **Procurando diversão** – Mauricio de Sousa
1191. **E não sobrou nenhum e outras peças** – Agatha Christie
1192. **Ansiedade** – Daniel Freeman & Jason Freeman
1193. **Garfield: pausa para o almoço** – Jim Davis
1194. **Contos do dia e da noite** – Guy de Maupassant
1195. **O melhor de Hagar 7** – Dik Browne
1196. (29). **Lou Andreas-Salomé** – Dorian Astor
1197. (30). **Pasolini** – René de Ceccatty
1198. **O caso do Hotel Bertram** – Agatha Christie
1199. **Crônicas de motel** – Sam Shepard
1200. **Pequena filosofia da paz interior** – Catherine Rambert
1201. **Os sertões** – Euclides da Cunha
1202. **Treze à mesa** – Agatha Christie
1203. **Bíblia** – John Riches
1204. **Anjos** – David Albert Jones
1205. **As tirinhas do Guri de Uruguaiana 1** – Jair Kobe
1206. **Entre aspas (vol.1)** – Fernando Eichenberg
1207. **Escrita** – Andrew Robinson
1208. **O spleen de Paris: pequenos poemas em prosa** – Charles Baudelaire
1209. **Satíricon** – Petrônio
1210. **O avarento** – Molière
1211. **Queimando na água, afogando-se na chama** – Bukowski
1212. **Miscelânea septuagenária: contos e poemas** – Bukowski
1213. **Que filosofar é aprender a morrer e outros ensaios** – Montaigne
1214. **Da amizade e outros ensaios** – Montaigne
1215. **O medo à espreita e outras histórias** – H.P. Lovecraft
1216. **A obra de arte na era de sua reprodutibilidade técnica** – Walter Benjamin
1217. **Sobre a liberdade** – John Stuart Mill
1218. **O segredo de Chimneys** – Agatha Christie
1219. **Morte na rua Hickory** – Agatha Christie
1220. **Ulisses (Mangá)** – James Joyce
1221. **Ateísmo** – Julian Baggini
1222. **Os melhores contos de Katherine Mansfield** – Katherine Mansfied
1223. (31). **Martin Luther King** – Alain Foix
1224. **Millôr Definitivo: uma antologia de *A Bíblia do Caos*** – Millôr Fernandes
1225. **O Clube das Terças-Feiras e outras histórias** – Agatha Christie
1226. **Por que sou tão sábio** – Nietzsche
1227. **Sobre a mentira** – Platão
1228. **Sobre a leitura *seguido do* Depoimento de Céleste Albaret** – Proust
1229. **O homem do terno marrom** – Agatha Christie
1230. (32). **Jimi Hendrix** – Franck Médioni
1231. **Amor e amizade e outras histórias** – Jane Austen
1232. **Lady Susan, Os Watson e Sanditon** – Jane Austen
1233. **Uma breve história da ciência** – William Bynum
1234. **Macunaíma: o herói sem nenhum caráter** – Mário de Andrade
1235. **A máquina do tempo** – H.G. Wells
1236. **O homem invisível** – H.G. Wells
1237. **Os 36 estratagemas: manual secreto da arte da guerra** – Anônimo
1238. **A mina de ouro e outras histórias** – Agatha Christie
1239. **Pic** – Jack Kerouac
1240. **O habitante da escuridão e outros contos** – H.P. Lovecraft
1241. **O chamado de Cthulhu e outros contos** – H.P. Lovecraft
1242. **O melhor de Meu reino por um cavalo!** – Edição de Ivan Pinheiro Machado
1243. **A guerra dos mundos** – H.G. Wells
1244. **O caso da criada perfeita e outras histórias** – Agatha Christie
1245. **Morte por afogamento e outras histórias** – Agatha Christie
1246. **Assassinato no Comitê Central** – Manuel Vázquez Montalbán
1247. **O papai é pop** – Marcos Piangers

1248. **O papai é pop 2** – Marcos Piangers
1249. **A mamãe é rock** – Ana Cardoso
1250. **Paris boêmia** – Dan Franck
1251. **Paris libertária** – Dan Franck
1252. **Paris ocupada** – Dan Franck
1253. **Uma anedota infame** – Dostoiévski
1254. **O último dia de um condenado** – Victor Hugo
1255. **Nem só de caviar vive o homem** – J.M. Simmel
1256. **Amanhã é outro dia** – J.M. Simmel
1257. **Mulherzinhas** – Louisa May Alcott
1258. **Reforma Protestante** – Peter Marshall
1259. **História econômica global** – Robert C. Allen
1260(33). **Che Guevara** – Alain Foix
1261. **Câncer** – Nicholas James
1262. **Akhenaton** – Agatha Christie
1263. **Aforismos para a sabedoria de vida** – Arthur Schopenhauer
1264. **Uma história do mundo** – David Coimbra
1265. **Ame e não sofra** – Walter Riso
1266. **Desapegue-se!** – Walter Riso
1267. **Os Sousa: Uma família do barulho** – Mauricio de Sousa
1268. **Nico Demo: O rei da travessura** – Mauricio de Sousa
1269. **Testemunha de acusação e outras peças** – Agatha Christie
1270(34). **Dostoiévski** – Virgil Tanase
1271. **O melhor de Hagar 8** – Dik Browne
1272. **O melhor de Hagar 9** – Dik Browne
1273. **O melhor de Hagar 10** – Dik e Chris Browne
1274. **Considerações sobre o governo representativo** – John Stuart Mill
1275. **O homem Moisés e a religião monoteísta** – Freud
1276. **Inibição, sintoma e medo** – Freud
1277. **Além do princípio de prazer** – Freud
1278. **O direito de dizer não!** – Walter Riso
1279. **A arte de ser flexível** – Walter Riso
1280. **Casados e descasados** – August Strindberg
1281. **Da Terra à Lua** – Júlio Verne
1282. **Minhas galerias e meus pintores** – Kahnweiler
1283. **A arte do romance** – Virginia Woolf
1284. **Teatro completo v. 1: As aves da noite** seguido de **O visitante** – Hilda Hilst
1285. **Teatro completo v. 2: O verdugo** seguido de **A morte do patriarca** – Hilda Hilst
1286. **Teatro completo v. 3: O rato no muro** seguido de **Auto da barca do Camiri** – Hilda Hilst
1287. **Teatro completo v. 4: A empresa** seguido de **O novo sistema** – Hilda Hilst
1289. **Fora de mim** – Martha Medeiros
1290. **Divã** – Martha Medeiros
1291. **Sobre a genealogia da moral: um escrito polêmico** – Nietzsche
1292. **A consciência de Zeno** – Italo Svevo
1293. **Células-tronco** – Jonathan Slack
1294. **O fim do ciúme e outros contos** – Proust
1295. **A jangada** – Júlio Verne
1296. **A ilha do dr. Moreau** – H.G. Wells
1297. **Ninho de fidalgos** – Ivan Turguêniev
1298. **Jane Eyre** – Charlotte Brontë
1299. **Sobre gatos** – Bukowski
1300. **Sobre o amor** – Bukowski
1301. **Escrever para não enlouquecer** – Bukowski
1302. **222 receitas** – J. A. Pinheiro Machado
1303. **Reinações de Narizinho** – Monteiro Lobato
1304. **O Saci** – Monteiro Lobato
1305. **Memórias da Emília** – Monteiro Lobato
1306. **O Picapau Amarelo** – Monteiro Lobato
1307. **A reforma da Natureza** – Monteiro Lobato
1308. **Fábulas** seguido de **Histórias diversas** – Monteiro Lobato
1309. **Aventuras de Hans Staden** – Monteiro Lobato
1310. **Peter Pan** – Monteiro Lobato
1311. **Dom Quixote das crianças** – Monteiro Lobato
1312. **O Minotauro** – Monteiro Lobato
1313. **Um quarto só seu** – Virginia Woolf
1314. **Sonetos** – Shakespeare
1315(35). **Thoreau** – Marie Berthoumieu e Laura El Makki
1316. **Teoria da arte** – Cynthia Freeland
1317. **A arte da prudência** – Baltasar Gracián
1318. **O louco** seguido de **Areia e espuma** – Khalil Gibran
1319. **O profeta** seguido de **O jardim do profeta** – Khalil Gibran
1320. **Jesus, o Filho do Homem** – Khalil Gibran
1321. **A luta** – Norman Mailer
1322. **Sobre o sofrimento do mundo e outros ensaios** – Schopenhauer
1323. **Epidemiologia** – Rodolfo Saracci
1324. **Japão moderno** – Christopher Goto-Jones
1325. **A arte da meditação** – Matthieu Ricard
1326. **O adversário secreto** – Agatha Christie
1327. **Pollyanna** – Eleanor H. Porter
1328. **Espelhos** – Eduardo Galeano
1329. **A Vênus das peles** – Sacher-Masoch
1330. **O 18 de brumário de Luís Bonaparte** – Karl Marx
1331. **Um jogo para os vivos** – Patricia Highsmith
1332. **A tristeza pode esperar** – J.J. Camargo
1333. **Vinte poemas de amor e uma canção desesperada** – Pablo Neruda
1334. **Judaísmo** – Norman Solomon
1335. **Esquizofrenia** – Christopher Frith & Eve Johnstone
1336. **Seis personagens em busca de um autor** – Luigi Pirandello
1337. **A Fazenda dos Animais** – George Orwell
1338. **1984** – George Orwell
1339. **Ubu Rei** – Alfred Jarry
1340. **Sobre bêbados e bebidas** – Bukowski
1341. **Tempestade para os vivos e para os mortos** – Bukowski
1342. **Complicado** – Natsume Ono
1343. **Sobre o livre-arbítrio** – Schopenhauer
1344. **Uma breve história da literatura** – John Sutherland
1345. **Você fica tão sozinho às vezes que até faz sentido** – Bukowski

IMPRESSÃO:

Pallotti
GRÁFICA EDITORA
IMAGEM DE QUALIDADE

Santa Maria - RS - Fone/Fax: (55) 3220.4500
www.pallotti.com.br